Analyse de l'œuvre

Par Kelly Carrein

La Jeune fille et la nuit

de Guillaume Musso

lePetitLittéraire.fr

La Jeune fille et la nuit

de Guillaume Musso

Rendez-vous sur lepetitlitteraire.fr et découvrez :

Plus de 1200 analyses
Claires et synthétiques
Téléchargeables en 30 secondes
À imprimer chez soi

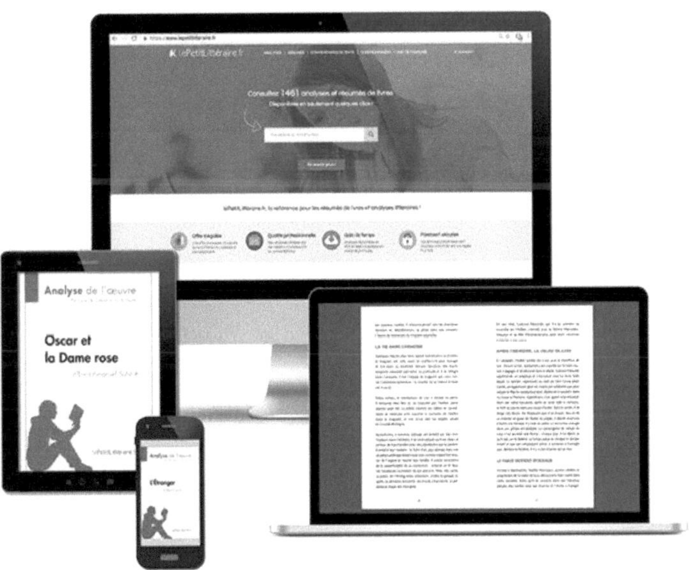

GUILLAUME MUSSO

ÉCRIVAIN FRANÇAIS

- **Né en 1974 à Antibes (France).**
- **Quelques-unes de ses œuvres :**
  - *Et après...* (2004), roman
  - *L'Appel de l'ange* (2011), roman
  - *Central Park* (2014), roman

C'est à l'âge de trente ans, en 2001, que le Français Guillaume Musso publie son premier roman. Cependant, il ne rencontre véritablement le succès que trois ans plus tard, avec *Et après...*, adapté au cinéma en 2008. Depuis 2004, Musso enchaine les romans au rythme d'un ouvrage par an. Les lecteurs français répondent présents à chaque publication. En 2017, il écoule plus d'un million et demi d'exemplaires de ses livres, ce qui en fait l'auteur le plus lu en France pour la septième année consécutive.

Décoré du titre de Chevalier de l'ordre des Arts et des Lettres en 2012, il est fasciné par les États-Unis, décor où se déroulent la plupart de ses romans. Ceux-ci sont surtout connus pour allier une histoire d'amour à une enquête à rebondissements. Depuis 2011 et *L'Appel de l'ange*, ses textes relèvent davantage du polar, ce qui lui a valu d'être surnommé « le roi du suspense » par le journaliste et écrivain français Bernard Thomasson.

LA JEUNE FILLE ET LA NUIT

UN THRILLER HALETANT

- **Genre** : roman policier
- **Édition de référence** : *La Jeune Fille et la nuit*, Paris, Calmann Levy, 2018, 424 p.
- **1ʳᵉ édition** : 2018
- **Thématiques** : amitié, amour, famille, meurtre, vengeance, mensonge

Pour Thomas Degalais, la cérémonie des cinquante ans de son ancien lycée tourne au cauchemar. Vingt-cinq ans plus tôt, aidé par son ami Maxime, il y a emmuré un cadavre dans le mur du gymnase. Ce même gymnase est sur le point d'être démoli, et leur secret risque à tout moment d'être révélé au grand jour...

Avec *La Jeune Fille et la nuit*, Musso s'ancre véritablement dans le genre du roman policier. Jusqu'à la dernière page, les drames et les retournements de situation habilement construits se multiplient, tenant le lecteur en haleine. En témoigne le succès populaire que fut le roman à l'été 2018 : plus de 500 000 exemplaires ont été vendus en France entre avril et août 2018.

Ce changement de cap littéraire correspond à une volonté de la part de l'auteur de « sortir de sa zone de confort ». Il s'agit également du premier roman qu'il publie pour la maison d'édition Calmann-Lévy, après avoir quitté son éditeur XO Éditions.

RÉSUMÉ

UN TERRIBLE SECRET

Printemps 2017. Thomas Degalais retourne dans sa ville natale du sud de la France pour assister à la cérémonie du 50e anniversaire de son lycée. À cette occasion, le gymnase sera démoli pour être remplacé par un nouveau bâtiment, financé par de mystérieux investisseurs. Thomas est inquiet : le gymnase cache un secret qu'il a dissimulé il y a vingt-cinq ans…

Thomas est attablé à un café lorsqu'un inconnu le bouscule, éclaboussant son pantalon. Quand il revient des toilettes, le journal qu'il lisait est désormais barré du mot « vengeance » et accompagné d'une paire de lunettes de soleil, identiques à celles que possédait Vinca, la jeune fille dont il était amoureux à l'adolescence et qui a disparu vingt-cinq ans plus tôt. Personne ne sait ce qu'elle est devenue, mais beaucoup croient qu'elle a fugué avec son professeur de philosophie, avec qui elle entretenait – selon la rumeur – une liaison.

Le lendemain, un cocktail est organisé pour les anciens élèves. Inquiet de voir son secret révélé, Thomas s'y rend et retrouve des camarades de classe : Fanny, son ancienne petite amie amatrice de photographie ; Maxime, qui habitait à côté de chez lui ; et Stéphane Pianelli, journaliste à Nice-Matin. Ce dernier lui révèle qu'un mois plus tôt, suite à des inondations dans la cave du lycée, une découverte surprenante a eu lieu : un ancien casier, remisé depuis vingt ans, contenait 100 000 francs cachés dans un sac en cuir où les empreintes de Vinca ont été retrouvées. Pour Stéphane, cette trouvaille prouve que Vinca n'a pas fugué (sinon elle aurait emporté l'argent), mais qu'elle a été tuée par son amant.

Thomas montre à Maxime le journal et les lunettes. Son ami avoue avoir également reçu des menaces. Les deux hommes partagent un terrible secret : en décembre 1992, alors qu'ils étaient lycéens, ils ont tué un homme et ont emmuré son corps dans le mur du gymnase en construction.

Un flash-back révèle les circonstances de ce meurtre. En 1992, Thomas, resté à l'internat pour réviser, découvre des lettres enflammées dans un livre appartenant à Vinca. Elles sont signées par

« Alexis », le prénom du séduisant professeur de philosophie de 27 ans. Ces lettres lui confirment la rumeur et le rendent fou de douleur. Son amie l'appelle alors et demande à le voir, car elle ne se sent pas bien ; « maudissant [sa] faiblesse, [son] manque d'amour-propre » (p. 92), Thomas se rend dans la chambre de la jeune fille. Vinca, très affaiblie et fiévreuse, est allongée dans son lit. Elle avoue être enceinte, et avoir été forcée par Alexis à avoir des rapports sexuels.

Aveuglé par la rage, Thomas confie Vinca à son amie Fanny avant de se rendre dans les appartements du professeur, armé d'une barre de fer. « Prisonnier d'un engrenage » (p. 99), le jeune homme attaque Alexis. Suite à un instant d'hésitation de la part de son agresseur, le professeur tente de se défendre. Maxime arrive alors, armé d'un couteau, et porte le coup fatal. Les deux jeunes hommes sont sous le choc et ne savent que faire. Maxime décide alors de prévenir son père, Francis, ouvrier du bâtiment, qui était présent au lycée sur le chantier du nouveau gymnase, avec son collègue Ahmed. Pour protéger son fils et son ami, Francis décide d'emmurer le corps dans le mur du gymnase en construction.

DES RÉVÉLATIONS TROUBLANTES

Le gymnase étant sur le point d'être démoli, leur secret va être découvert. Si Francis et Ahmed sont désormais morts (respectivement des suites d'un cambriolage qui a mal tourné et d'une longue maladie), Maxime et Thomas risquent gros. Pour protéger Maxime et sa vie de famille, Thomas est prêt à assumer l'entière responsabilité du crime. Les deux hommes sont persuadés que quelqu'un d'autre sait ce qu'il s'est passé, ce jour fatidique de décembre 1992, mais ignorent de qui il s'agit.

Le lendemain du meurtre, Thomas avait déjà voulu se dénoncer, mais s'était ravisé pour protéger ses complices. Au lycée, tout le monde semblait croire qu'Alexis s'est enfui avec Vinca, y compris la police. En effet, des témoignages concordent : une jeune fille rousse, correspondant à la description de Vinca, a été vue dans un train vers Paris puis à l'hôtel avec un homme ressemblant à Alexis. Cette fugue amoureuse est alors devenue la version officielle. Mais Thomas, qui connait bien sûr la vérité, pense que Vinca s'est enfuie avec quelqu'un d'autre. Tiraillé par la culpabilité, il veut savoir si la disparition de Vinca, le lendemain du meurtre d'Alexis, est liée à celui-ci et s'il en est responsable.

La première étape de son enquête l'amène dans la bibliothèque du lycée, où il cherche à obtenir *La jeune fille et la mort*, livre écrit quinze ans plus tôt par Stéphane Piannelli, qui avait déjà enquêté sur la disparition sans faire de découverte significative. Persuadé que Stéphane peut l'aider, Thomas lui propose de collaborer pour résoudre la disparition de Vinca.

En regagnant sa voiture, Thomas découvre une enveloppe anonyme sur le pare-brise. Elle contient des photographies de son père, Richard Degalais, l'ancien directeur du lycée, en train d'embrasser Vinca. Connaissant la passion de Fanny pour la photographie, Thomas a l'intuition que son ancienne amie est l'auteure des clichés. La jeune femme avoue les avoir pris pour discréditer Vinca aux yeux de Thomas, car elle était amoureuse de lui. Elle informe également son ami qu'elle a aussi reçu des lettres de menaces, car elle est au courant de la présence d'un cadavre dans le mur du gymnase, Ahmed lui ayant avoué le crime peu avant sa mort. Thomas confronte ensuite son père, car il pense qu'il est impliqué dans la disparition de Vinca. Mais Richard nie : il confesse seulement avoir donné l'argent à la jeune fille, car elle le faisait chanter.

Thomas retourne ensuite au lycée, et retrouve le livre découvert vingt-cinq ans plus tôt, où figuraient les lettres d'amour d'Alexis à Vinca. Il réalise que l'écriture n'est pas la même que celle qui figure sur ses copies du cours de philosophie, annotées par Alexis. Il comprend que l'amant de Vinca se prénommait bien Alexis, mais n'était pas le professeur de philosophie, et qu'il a par conséquent tué un innocent.

MEURTRES EN SÉRIE

En parcourant les archives du lycée, Thomas a également découvert une photo de Fanny (coiffée d'une perruque rousse) avec Vinca durant une pièce de théâtre. La ressemblance des deux jeunes filles est troublante. Thomas cherche alors à voir Fanny, mais tombe d'abord sur son compagnon, qui l'informe que la jeune femme est amoureuse de lui depuis toujours. Thomas confronte son ancienne amie, qui lui apprend qu'en vérité deux cadavres sont emmurés : le deuxième étant celui de Vinca, qu'elle a elle-même tuée vingt-cinq ans plus tôt.

Alors que Thomas avait laissé la fiévreuse Vinca entre les mains de Fanny, celle-ci, mue par la jalousie, avait préparé une tasse de thé où elle avait glissé quelques comprimés de Rohypnol. Quelques heures plus tard, de retour dans la chambre de Vinca, Fanny découvre que la jeune femme a consommé le thé et ne respire plus. Sous le choc, elle s'évanouit, et se réveille dans le bureau de la directrice du lycée, Annabelle Degalais, la mère de Thomas. Celle-ci lui annonce que deux choix s'offrent à elle : avouer le meurtre et gâcher sa vie ou accepter son aide pour dissimuler le corps. Elle accepte et Francis emmure le corps de Vinca aux côtés de celui d'Alexis. Annabelle se coiffe de la casquette d'Alexis et part en train à Paris avec Fanny, coiffée de la perruque rousse : ce sont elles que les témoins ont prises pour Alexis et Vinca, accréditant la thèse de la fuite amoureuse.

Mais les quelques comprimés glissés par Fanny dans le thé ne constituaient pas une dose mortelle. La vérité est découverte par Maxime, qui a appris que Vinca (après le départ de Fanny) avait essayé de faire chanter Annabelle en se disant enceinte de Richard. Furieuse, n'imaginant pas sa vie de famille détruite par la jeune fille, Annabelle s'était alors emparée d'une réplique d'une statue et l'avait fracassée sur le crâne de Vinca, décédée sur le coup. Francis, amant d'Annabelle, avait alors ramené le corps dans la chambre de la jeune fille, où il avait été découvert par Fanny. Fanny croyant avoir tué Vinca, les amants saisissent cette opportunité et lui font croire qu'elle est vraiment coupable avant d'emmurer le corps.

Cependant, durant la cérémonie du lycée, Maxime est poussé par un inconnu et fait une chute de huit mètres. Alors que son ami est à l'hôpital entre la vie et la mort, Thomas se rend dans l'ancienne maison de Francis, où il découvre sa liaison avec Annabelle et apprend qu'il est son vrai père. Il reçoit alors un appel de la police : sa mère vient d'être retrouvée morte au Cap d'Antibes, tuée à coups de crosse, et son père s'accuse du meurtre.

UN TRAGIQUE ÉPILOGUE

Le lendemain, Thomas retrouve Corentin, le stagiaire de Stéphane qui a enquêté sur le financement des travaux du gymnase : il apprend que c'est la fondation Hutchinson & DeVille qui en est à l'origine. Thomas comprend alors que Vinca aimait les femmes, et que son amant était le professeur de littérature anglaise, Alexis DeVille. Elle cherche à venger le meurtre de Vinca en tuant ceux qui ont été impliqués.

Thomas retourne au Cap d'Antibes et se retrouve face à Alexis. Elle avoue avoir appris le double meurtre de la bouche d'Ahmed, qu'elle a sou-doyé avec de l'argent. Elle aimait Vinca à la folie, et l'a poussée à coucher avec Richard pour avoir un enfant d'elle. Thomas l'accuse alors d'avoir perverti l'adolescente, notamment en la rendant accro aux médicaments. Alexis ordonne à son molosse d'attaquer Thomas, mais des coups de feu retentissent : Richard vient d'abattre le chien et Alexis, et de sauver la vie de son fils.

Par la suite, Stéphane décide de faire éclater la vérité au grand jour, quitte à envoyer ses anciens amis en prison. Pendant ses recherches complé-mentaires, il découvre un article de 1997, évo-quant des actes de vandalisme dans le gymnase : c'est une couverture, orchestrée par Annabelle et Francis, qui leur a permis d'évacuer les corps.

La disparition des corps vingt ans plus tôt le sauvant de la prison, Thomas décide d'écrire un roman basé sur les faits, mais où Vinca survit de peu et disparait pour commencer une nouvelle vie ailleurs. « Quelque part donc, Vinca vivait » (p. 423).

ÉTUDE DES PERSONNAGES

THOMAS DEGALAIS

Narrateur principal du roman, Thomas Degalais est écrivain depuis l'an 2000. Établi aux États-Unis depuis l'an 2000, il retourne en France à l'occasion du 50ᵉ anniversaire de son lycée, et cela malgré son aversion pour ce genre de réunion. En effet, il a toujours été un grand solitaire, sans véritables attaches sociales (« Tu n'avais pas de copains, Thomas. Tes seuls amis, c'étaient les livres », p. 183).

Très inquiet de nature, le jeune homme trouve un véritable apaisement dans la littérature. Adolescent, il arborait un look de « premier de la classe, BCBG, propre sur lui, avec sa belle veste en flanelle et sa chemise bleu ciel » (p. 55) qu'il a conservée à l'âge adulte. Il a suivi une formation scientifique, qu'il n'aimait pas, pour faire plaisir à ses parents, dont il s'est désormais considérablement éloigné – à tel point que sa mère lui a caché avoir fait un infarctus quelques mois plus tôt.

À l'époque, il considérait Maxime comme son frère et Francis comme son père, car il en était plus proche que de Richard : il n'a donc pas été surpris de découvrir que Francis était son père biologique et l'amant de sa mère.

Tout au long du roman, Thomas fait preuve d'une détermination certaine et d'un grand courage, notamment lorsqu'il confronte Alexis à ses meurtres. Ce courage, surprenant de la part d'une personnalité naturellement angoissée, est inspiré par l'amour qu'il portait – et porte toujours vingt-cinq ans plus tard – à Vinca. En effet, il n'a jamais rien ressenti de tel pour une femme depuis ses émois adolescents.

VINCA ROCKWELL

Vinca est une jeune fille complexe, que le lecteur n'a l'opportunité de connaitre qu'à travers les souvenirs des protagonistes. C'était « la fille dont tous les garçons étaient amoureux » (p. 32), « atypique, cultivée, vive et pétillante, à la chevelure rousse, aux yeux vairons et aux traits fins » (pp. 83-84). Elle était issue de la bourgeoisie américaine, fille d'une actrice française et d'un pilote de Formule 1 américain, mais orpheline depuis 1989. Pour Thomas, elle était de « la race des seigneurs » (p. 159), c'est-à-dire « des gens qui avaient toujours les premiers rôles dans la vie, et qui, lorsque vous étiez avec eux, vous reléguaient directement au statut de figurant » (p. 159).

Cette personnalité magnétique a fasciné jusque bien après sa mort : non seulement la jeune fille a déchainé les passions lorsque ses anciens camarades l'ont crue en fugue avec son professeur, mais en 2017, des étudiantes du lycée continuent de lui vouer un véritable culte, créant un spectacle musical inspiré de ses derniers jours et organisant des soirées de communication dans son ancienne chambre à l'internat. Cependant, Vinca cachait une face plus sombre. Un jour « rayonnante, elle semblait « abattue ou défoncée » le lendemain (p. 233). Dépendante aux médicaments suite à la mauvaise influence d'Alexis, elle a également cherché à faire des photographies très suggestives dans le but d'exercer un chantage sur le couple Degalais.

MAXIME BIANCARDINI

Fils de Francis, un entrepreneur en maçonnerie, Maxime a toujours été plus intéressé par les blockbusters que par la littérature. Doté d'un physique attirant, « torse sculpté, cheveux longs de surfeur, caleçon Rip Curl, Vans sans lacets » (p. 73) il entretient une amitié avec Thomas depuis l'enfance car ils sont voisins, mais les deux hommes s'éloignent lorsque Thomas déménage aux États-Unis. Il lui demeure cependant loyal, conservant son secret pendant vingt-cinq ans.

Homosexuel, Maxime est un père de famille : il a eu deux filles nées d'une mère porteuse avec Olivier, son compagnon. Il brigue également un poste de député sous les couleurs du partidu président Emmanuel Macron, La République en marche.

STÉPHANE PIANELLI

Journalise à Nice-Matin, Stéphane est membre du parti La France insoumise et il est engagé politiquement. « Cheveux longs, barbichette de mousquetaire, lunettes rondes à la John Lennon », le jeune homme a fait toute sa scolarité dans la même classe que Thomas. Il ne se laisse impressionner par personne et se montre déterminé dans sa volonté d'enquêter, mais surtout, de se faire un nom dans le journalisme d'investigation. Son ambition le pousse à vouloir rédiger un livre qui enverrait ses anciens amis Thomas, Maxime et Fanny directement en prison : cependant, ce plan tombe à l'eau lorsqu'il se rend compte que les corps ne sont plus dans le gymnase depuis vingt ans.

FANNY BRAHIMI

Passionnée de photographie, l'ancienne petite amie de Thomas a fait des études de médecine et exerce désormais comme cardiologue. Adolescente, elle arborait un look « grunge » (p. 51), mais la « petite blonde aux yeux clairs et aux cheveux courts » (p.50) s'est assagie une fois adulte.

Elle est amoureuse de Thomas depuis l'adolescence, et n'a jamais cessé de l'aimer. Cet amour à sens unique l'a poussée à des actes discutables : adolescente, elle avait « commencé à coucher à droite à gauche sans s'attacher à personne » (p. 52) pour soigner son cœur brisé ; elle a également attenté à la vie de Vinca en ajoutant des médicaments dans son thé ; adulte, elle s'est lancée dans une relation sérieuse avec Thierry sans éprouver de sentiments pour lui.

ANNABELLE DEGALAIS

Mère de Thomas et ancienne directrice du lycée Saint-Exupéry, Annabelle est avant tout une mère de famille, prête à tout pour protéger l'équilibre de sa vie familiale : c'est pour cette raison que cette femme, apparemment simple et sans histoire, tue Vinca de sang-froid et convainc la jeune Fanny qu'elle est responsable du meurtre. C'est pour protéger Thomas (et ce malgré leur relation tendue et éloignée) qu'elle retrouve Alexis DeVille, quitte à le payer de sa vie. Maitresse de Francis depuis toujours, elle a caché pendant plus de quatre décennies le fait qu'il était le père biologique de Thomas. Cependant, elle ne peut s'empêcher d'éprouver une tendresse presque maternelle pour le fils de son amant, ainsi que pour les enfants de celui-ci, agissant presque comme une grand-mère en leur présence.

RICHARD DEGALAIS

D'emblée, Richard est présenté comme un être antipathique, capable de coucher avec une adolescente simplement parce qu'elle tente de le séduire : « Cette petite salope n'arrêtait pas de me tourner autour. Elle m'a allumé et j'ai craqué » (pp. 192 – 193). Cependant, Richard est également loyal vis-à-vis de sa famille, n'hésitant pas à se lancer à la rescousse de Thomas. Malgré ses liaisons, il demeure dévoué à son épouse, devenant fou de douleur lorsqu'il découvre son cadavre au Cap d'Antibes.

CLÉS DE LECTURE

LE GENRE DU THRILLER/ROMAN POLICIER

Caractéristiques

Avec *La Jeune fille et la nuit*, Guillaume Musso confirme son statut d'auteur de thriller : il est devenu un « maître du suspense » pour Cassandre Dupuis, critique littéraire pour *Le Figaro*. Il ne s'agit pas d'une tâche facile : en effet, le thriller est un genre littéraire où il est difficile de se renouveler et de se démarquer, car il est omniprésent depuis des décennies dans la littérature, mais également au cinéma et dans d'autres médias artistiques et culturels.

Construit sur le verbe anglais *to thrill* (« frémir »), le thriller est un genre artistique qui se base sur un suspense et une tension qui montent crescendo pour pousser le lecteur à poursuivre sa lecture afin d'en savoir plus et de découvrir le dénouement le plus rapidement possible. Les retournements de situation sont légion au sein des thrillers, comme c'est le cas dans *La Jeune fille et la nuit* au sujet de la disparition de Vinca : d'abord considérée comme ayant fugué avec son professeur et amant, on apprend ensuite la mort de la jeune fille, tuée par Fanny, avant de découvrir qu'Annabelle était la véritable coupable.

Le genre du thriller se divise en multiples sous-genres, parmi lesquels se retrouve le roman policier, qui se caractérise par six éléments, tous présents dans *La Jeune fille et la nuit* :

- Le crime (la disparition de Vinca) ;
- Le mobile (le désir d'Annabelle de protéger sa famille de la jeune maître chanteur) ;
- Le coupable (Annabelle) et la victime (Vinca) ;
- Le mode opératoire (une statue fracassée sur le crâne de la jeune fille) ;
- L'enquête (menée par Thomas durant la majorité du roman).

Comme dans les romans policiers traditionnels, l'enquête, apparemment nébuleuse au départ, s'éclaircit progressivement au fil des pages. Le lecteur est amené à faire ses propres suppositions et à croire de fausses pistes (par exemple le fait que Fanny soit responsable de la mort de Vinca) avant de découvrir la vérité, qui est fréquemment surprenante et choquante. Les rebondissements le poussent à ne pas quitter sa lecture afin de pouvoir accéder à la résolution de l'enquête. Le journal Le Soir parlera d'ailleurs de « page-turner » (littéralement « tourneur de pages ») au sujet du roman : cette expression anglophone est souvent utilisée pour parler d'un livre au suspense haletant, dont il est difficile de stopper la lecture avant d'en connaitre le dénouement.

L'originalité de Musso s'exprime par la multiplicité des crimes : le crime originel, c'est-à-dire le meurtre d'Alexis par Thomas et Maxime ; le second crime, la mort de Vinca ; les crimes d'Alexis, qui a éliminé Francis et Annabelle et attenté à la vie de Maxime par vengeance amoureuse. Traditionnellement, le roman policier se focalise sur un seul mystère à résoudre. Les différentes intrigues de *La Jeune fille et la nuit* s'imbriquent pourtant parfaitement les unes dans l'autres : le meurtre de Vinca est la raison pour laquelle Alexis mène sa vendetta meurtrière.

Un parangon de la paralittérature

Le roman policier est néanmoins considéré comme une littérature populaire, destinée à public qui s'adonne à la littérature en dilettante (par opposition à une élite de lettrés, plus sélective dans ses choix de lecture), parce qu'elle fait vendre des millions de livres chaque année. À ce titre, ce genre littéraire fait partie de la paralittérature.

Le théoricien Marc Angenot définit la paralittérature comme étant « un vaste domaine de la production imprimée exclu du monde de la culture […], une masse hétéroclite d'objets […] qui semblent n'avoir d'autre chose en commun que leur absence prétendue de valeur esthétique » (Marc Angenot, *Qu'est-ce que la paralittérature*, sur www.erudit.org). À ce titre, le roman policier fut souvent décrié par les critiques littéraires, qui ne lui trouvaient pas d'intérêt esthétique particulier, et le pensaient par conséquent indigne. En témoigne (du moins, jusqu'à récemment) l'absence d'études littéraires poussées sur le sujet.

Néanmoins, le roman policier (et plus largement le genre du thriller – cinématographique ou littéraire) a gagné ses lettres de noblesse au fil des décennies, et constitue désormais un genre incontournable des librairies, où des rayons entiers lui sont consacrés. Tout comme au cinéma et à la télévision, où les films et séries policières se multiplient et rencontrent un succès qui ne se dément pas.

UN STYLE NARRATIF PARTICULIER : LA DOUBLE CHRONOLOGIE

Si l'intrigue de *La Jeune fille et la nuit* se déroule principalement au mois de mai 2017, des chapitres entiers relatent les évènements de décembre 1992. Dans les deux cas, la focalisation reste centrée sur Thomas, qui demeure le narrateur à la première personne du singulier. Il y a cependant quatre exceptions notables à travers des encarts à la fin de certains chapitres, qui révèlent des éléments-clés de l'intrigue : deux sous-chapitres sont narrés directement par Annabelle (qui raconte le meurtre de Vinca ainsi que les menaces d'Alexis DeVille), Fanny (qui relate son « meurtre » de Vinca) et Richard (qui décrit le moment où il reçoit une lettre d'Annabelle après sa disparition, le poussant à protéger Thomas et – finalement – à le sauver des griffes d'Alexis).

Là où la plupart des romans se concentrent sur une focalisation unique tout au long de l'intrigue,

La Jeune fille et la nuit offre donc quatre inter-mèdes qui enrichissent le roman en permettant de découvrir d'autres points de vue narratifs.

Les passages narrés par les parents de Thomas sont particulièrement intéressants : alors que pendant la majorité du roman, ils sont vus à travers le prisme de leur fils, distant depuis de nombreuses années, ces passages permettent de découvrir que les deux parents sont en vérité prêts à tous les sa-crifices pour lui (la mort pour Annabelle et la prison pour Richard). De plus, leur personnalité n'est pas vraiment approfondie au début du roman : Thomas met surtout en avance le fossé générationnel, creusé depuis l'adolescence par des parents qui le poussaient à faire des études qu'il n'aimait pas ; le récit à la première personne permet une plongée franche dans leurs sentiments.

La narration selon le point de vue Fanny est éga-lement significative : elle apporte une première réponse au mystère que cherche à percer Thomas (même si celle-ci s'avérera erronée dans la suite des évènements).

La double narration 1992/2017 contribue à dyna-miser le récit en cassant le caractère linéaire traditionnel du roman policier. De plus, les encarts narratifs sont narrés au présent, comme si le protagoniste racontait directement ses souvenirs à quelqu'un (et dans le cas de Fanny, à Thomas, à qui elle s'adresse directement). À l'inverse, les flash-backs de 1992 relatés par Thomas le sont au passé, comme le récit de 2017. Ces retours en arrière apportent beaucoup à la narration, car ils permettent d'accéder à la résolution directe du mystère, à l'inverse de certains romans où le dénouement est expliqué simplement à travers des dialogues ou une longue description.

LE THÈME DE LA RELATION AMOUREUSE : THOMAS ET VINCA

Jusqu'à la publication de *La Jeune fille et la nuit*, Guillaume Musso était connu pour allier mystère et romantisme à proportions plus ou moins égales au sein de ses œuvres. Ce nouveau roman marque un tournant dans les thématiques adressées par l'auteur, et l'histoire d'amour disparait de l'avant-plan.

Cependant, une histoire d'amour transparait en filigrane à l'enquête : la relation entre Vinca et

Thomas. Complexe, cette histoire semble être à sens unique : les protagonistes s'accordent à dire que Thomas était éperdument amoureux de Vinca, mais la jeune fille n'a – semble-t-il – jamais éprouvé de sentiments réciproques. Même si les personnalités des deux adolescents sont opposées (Thomas est un grand solitaire, tandis que Vinca a une personnalité solaire qui attire de nombreuses personnes), ils se retrouvent dans leur amour commun de la littérature et partagent d'intenses discussions à ce sujet.

Fanny et Annabelle l'ont souligné à plusieurs reprises : Thomas était obsédé par Vinca, et plus rien d'autre ne comptait pour lui. Au grand désespoir de sa mère, ses résultats scolaires vont jusqu'à en pâtir. Devenu adulte et écrivain, Thomas publie des romans, où – aux yeux de Stéphane – Vinca est omniprésente. Il est également prêt à risquer sa vie pour découvrir ce qui est arrivé à la jeune fille, car il semble avoir un besoin viscéral de résoudre le mystère.

À l'inverse, Vinca éprouve un désintérêt certain pour Thomas, en dehors de leur passion pour la littérature : elle ne l'appelle que quand elle a besoin de lui, et n'hésite pas – pour de l'argent –

à mettre la famille de son ami en danger en couchant avec son père puis en menaçant ses parents.

Avec les personnages de Thomas et Vinca, Musso touche à la thématique de l'amour non réciproque et à l'impact parfois dramatique qu'il peut avoir.

PISTES DE RÉFLEXION

QUELQUES QUESTIONS POUR APPROFONDIR SA RÉFLEXION...

- Quel retournement de situation vous a le plus surpris ? Pour quelle(s) raison(s) ?
- Fanny révèle avoir été amoureuse de Thomas depuis l'adolescence : aviez-vous repéré des indices en amont ? Si oui, lesquels ?
- À la page 161, Thomas se demande : « Vinca est-elle une victime ou une manipulatrice diabolique ? ». Quelle réponse apporteriez-vous à cette question ?
- Sur base de vos propres lectures d'autres romans de Guillaume Musso, en quoi *La Jeune fille et la nuit* diffère-t-elle des romans précédents de l'auteur ?
- Parmi les anciens amis lycéens (Thomas, Maxime, Stéphane et Fanny), de qui vous sentez-vous le plus proche ? Pourquoi ?
- Comprenez-vous l'obsession de Thomas pour Vinca ?
- La relation entre Thomas et Vinca vous fait-

elle penser à une autre relation (en littérature, cinéma ou autre médium artistique) ?

- Pensez-vous que cette intrigue complexe pourrait être adaptée au cinéma ou à la télévision ? Quelles seraient les difficultés éventuelles ?

Votre avis nous intéresse !
Laissez un commentaire sur le site de votre librairie en ligne
et partagez vos coups de cœur sur les réseaux sociaux !

POUR ALLER PLUS LOIN

ÉDITION DE RÉFÉRENCE

- *La Jeune Fille et la nuit*, Paris, Calmann Levy, 2018, 424 p.

ÉTUDES DE RÉFÉRENCE

- *Guillaume Musso en tête des ventes de romans en France pour la septième année*, France TV Info, https://culturebox.francetvinfo.fr/livres/guillaume-musso-en-tete-des-ventes-de-romans-en-france-pour-la-septieme-an-nee-268137, le 18 janvier 2018
- GARY N., *Star de l'été, Guillaume Musso compte 1,2 million de lecteurs depuis janvier*, ActuaLitté, https://www.actualitte.com/article/monde-edition/star-de-l-ete-guillaume-mus-so-compte-1-2-million-de-lecteurs-depuis-janvier/90547, le 22 août 2018

SUR LEPETITLITTÉRAIRE.FR

- Fiche de lecture sur *L'Appel de l'ange* de Guillaume Musso.

- Fiche de lecture sur *La Fille de papier* de Guillaume Musso.
- Fiche de lecture sur *Et après...* de Guillaume Musso.
- Fiche de lecture sur *Que serais-je sans toi ?* de Guillaume Musso.
- Fiche de lecture sur *Central Park* de Guillaume Musso.

Retrouvez notre offre complète sur lePetitLittéraire.fr

- des fiches de lectures
- des commentaires littéraires
- des questionnaires de lecture
- des résumés

ANOUILH
- Antigone

AUSTEN
- Orgueil et Préjugés

BALZAC
- Eugénie Grandet
- Le Père Goriot
- Illusions perdues

BARJAVEL
- La Nuit des temps

BEAUMARCHAIS
- Le Mariage de Figaro

BECKETT
- En attendant Godot

BRETON
- Nadja

CAMUS
- La Peste
- Les Justes
- L'Étranger

CARRÈRE
- Limonov

CÉLINE
- Voyage au bout de la nuit

CERVANTÈS
- Don Quichotte de la Manche

CHATEAUBRIAND
- Mémoires d'outre-tombe

CHODERLOS DE LACLOS
- Les Liaisons dangereuses

CHRÉTIEN DE TROYES
- Yvain ou le Chevalier au lion

CHRISTIE
- Dix Petits Nègres

CLAUDEL
- La Petite Fille de Monsieur Linh
- Le Rapport de Brodeck

COELHO
- L'Alchimiste

CONAN DOYLE
- Le Chien des Baskerville

DAI SIJIE
- Balzac et la Petite Tailleuse chinoise

DE GAULLE
- Mémoires de guerre III. Le Salut. 1944-1946

DE VIGAN
- No et moi

DICKER
- La Vérité sur l'affaire Harry Quebert

DIDEROT
- Supplément au Voyage de Bougainville

DUMAS
- Les Trois
  Mousquetaires

ÉNARD
- Parlez-leur
  de batailles,
  de rois et
  d'éléphants

FERRARI
- Le Sermon sur la
  chute de Rome

FLAUBERT
- Madame Bovary

FRANK
- Journal
  d'Anne Frank

FRED VARGAS
- Pars vite et
  reviens tard

GARY
- La Vie devant soi

GAUDÉ
- La Mort du
  roi Tsongor
- Le Soleil des
  Scorta

GAUTIER
- La Morte
  amoureuse
- Le Capitaine
  Fracasse

GAVALDA
- 35 kilos d'espoir

GIDE
- Les
  Faux-Monnayeurs

GIONO
- Le Grand
  Troupeau
- Le Hussard
  sur le toit

GIRAUDOUX
- La guerre de
  Troie
  n'aura pas lieu

GOLDING
- Sa Majesté des
  Mouches

GRIMBERT
- Un secret

HEMINGWAY
- Le Vieil Homme
  et la Mer

HESSEL
- Indignez-vous !

HOMÈRE
- L'Odyssée

HUGO
- Le Dernier Jour
  d'un condamné
- Les Misérables
- Notre-Dame
  de Paris

HUXLEY
- Le Meilleur
  des mondes

IONESCO
- Rhinocéros
- La Cantatrice
  chauve

JARY
- Ubu roi

JENNI
- L'Art français
  de la guerre

JOFFO
- Un sac de billes

KAFKA
- La Métamorphose

KEROUAC
- Sur la route

KESSEL
- Le Lion

LARSSON
- Millenium I. Les
  hommes qui
  n'aimaient pas
  les femmes

LE CLÉZIO
- Mondo

LEVI
- Si c'est un
  homme

LEVY
- Et si c'était vrai…

MAALOUF
- Léon l'Africain

MALRAUX
- La Condition humaine

MARIVAUX
- La Double Inconstance
- Le Jeu de l'amour et du hasard

MARTINEZ
- Du domaine des murmures

MAUPASSANT
- Boule de suif
- Le Horla
- Une vie

MAURIAC
- Le Nœud de vipères

MAURIAC
- Le Sagouin

MÉRIMÉE
- Tamango
- Colomba

MERLE
- La mort est mon métier

MOLIÈRE
- Le Misanthrope
- L'Avare
- Le Bourgeois gentilhomme

MONTAIGNE
- Essais

MORPURGO
- Le Roi Arthur

MUSSET
- Lorenzaccio

MUSSO
- Que serais-je sans toi ?

NOTHOMB
- Stupeur et Tremblements

ORWELL
- La Ferme des animaux
- 1984

PAGNOL
- La Gloire de mon père

PANCOL
- Les Yeux jaunes des crocodiles

PASCAL
- Pensées

PENNAC
- Au bonheur des ogres

POE
- La Chute de la maison Usher

PROUST
- Du côté de chez Swann

QUENEAU
- Zazie dans le métro

QUIGNARD
- Tous les matins du monde

RABELAIS
- Gargantua

RACINE
- Andromaque
- Britannicus
- Phèdre

ROUSSEAU
- Confessions

ROSTAND
- Cyrano de Bergerac

ROWLING
- Harry Potter à l'école des sorciers

SAINT-EXUPÉRY
- Le Petit Prince
- Vol de nuit

SARTRE
- Huis clos
- La Nausée
- Les Mouches

SCHLINK
- Le Liseur

SCHMITT
• La Part de l'autre
• Oscar et la
  Dame rose

SEPULVEDA
• Le Vieux qui
  lisait des romans
  d'amour

SHAKESPEARE
• Roméo et Juliette

SIMENON
• Le Chien jaune

STEEMAN
• L'Assassin
  habite au 21

STEINBECK
• Des souris et
  des hommes

STENDHAL
• Le Rouge et
  le Noir

STEVENSON
• L'Île au trésor

SÜSKIND
• Le Parfum

TOLSTOÏ
• Anna Karénine

TOURNIER
• Vendredi ou
  la Vie sauvage

TOUSSAINT
• Fuir

UHLMAN
• L'Ami retrouvé

VERNE
• Le Tour
  du monde
  en 80 jours
• Vingt mille
  lieues sous
  les mers
• Voyage au
  centre de
  la terre

VIAN
• L'Écume des jours

VOLTAIRE
• Candide

WELLS
• La Guerre des
  mondes

YOURCENAR
• Mémoires
  d'Hadrien

ZOLA
• Au bonheur
  des dames
• L'Assommoir
• Germinal

ZWEIG
• Le Joueur
  d'échecs

L'éditeur veille à la fiabilité des informations publiées, lesquelles ne pourraient toutefois engager sa responsabilité.

www.lepetitlitteraire.fr

ISBN version numérique : 9782808014304
ISBN version papier : 9782808014311
Dépôt légal : D/2018/12603/475

Conception numérique : Primento,
le partenaire numérique des éditeurs.

Ce titre a été réalisé avec le soutien de la Fédération Wallonie-Bruxelles, Service général des Lettres et du Livre.